Sacagawea

Publicado en los Estados Unidos de América por Cherry Lake Publishing
Ann Arbor, Michigan
www.cherrylakepublishing.com

Asesor de contenidos: Ryan Emery Hughes, estudiante de doctorado, Facultad de Educación,
University of Michigan
Asesora de lecturas: Marla Conn MS, Ed., Especialista en alfabetización, Read-Ability, Inc.
Diseño de libro: Jennifer Wahi
Ilustrador: Jeff Bane

Créditos fotográficos: © Denton Rumsey/Shutterstock Images, 5; © The Voyageur's Paddle, ilustrado por David
Geister (Sleeping Bear Press), 7; © Library of Congress, 9, 22; © P is for Potato: An Idaho Alphabet, ilustrado por
Jocelyn Slack (Sleeping Bear Press), 11; © Yongyut Kumsri/Shutterstock Images, 13; © Joseph Sohm/Shutterstock
Images, 15; © E is for Evergreen: A Washington State Alphabet, ilustrado por Linda Holt Ayriss (Sleeping Bear
Press), 17, 23; © nicoolay/istockphoto.com, 19; © Neftali/Shutterstock Images, 21; Tapa, 4, 10, 14, Jeff Bane;
Varias imágenes, Shutterstock Images

Library of Congress Cataloging-in-Publication Data has been filed and is available at catalog.loc.gov

Impreso en los Estados Unidos de América
Corporate Graphics

Índice de contenidos

Acerca de la autora: Emma E. Haldy era bibliotecaria y proviene de Michigan. Vive con su marido, Joe, y una colección cada vez mayor de libros.

Acerca del ilustrador: Jeff Bane y sus dos socios comerciales tienen un estudio junto al Río Americano en Folsom, California, donde tuvo lugar la Fiebre del Oro de 1849. Cuando Jeff no está haciendo bocetos o ilustraciones para clientes, está nadando o haciendo kayak en el río para relajarse.

Nací cerca de un río. Me llamaron "Mujer pájaro".

Mi familia era **nativa americana**.

Me apartaron de mi familia.
Viví con otra **tribu**.

Me casé con un comerciante de pieles.

Dos hombres llamados Lewis y Clark llegaron a mi pueblo. Eran **exploradores**.

Le contrataron a mi marido para ayudarlos.

¿Qué parte del mundo
te gustaría explorar? ¿Por qué?

También querían que
yo los ayudara.
Acepté unirme a ellos.

Llevé conmigo a mi
bebé.

Yo sabía cómo hablar con mi gente. Podía hablar en nombre de Lewis y Clark.

En el camino nos encontramos con mi hermano. Él nos ayudó a conseguir caballos y una guía.

Yo también ayudaba haciendo ropa y zapatos.

Recolectaba la comida. Yo sabía qué plantas podíamos comer.

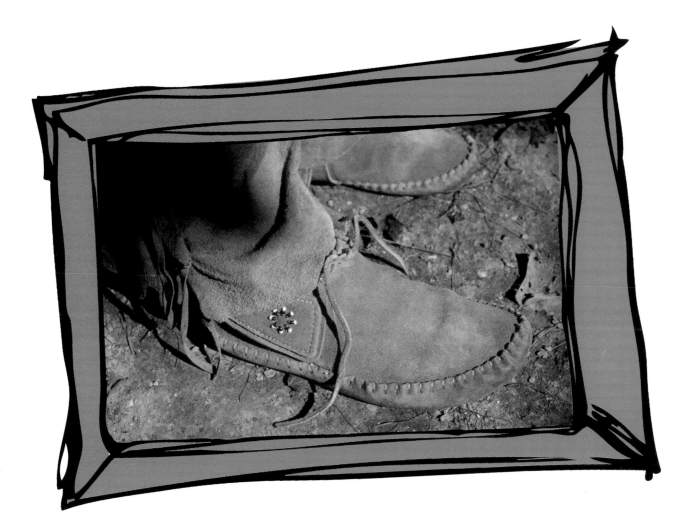

Bajamos por los ríos. Cruzamos las montañas.

Después de meses llegamos al océano. Vi una ballena encallada.

¿Qué te gustaría ver en el océano? ¿Por qué?

Cuando terminó el viaje volví a casa.

Lewis y Clark se hicieron famosos por su trabajo.

Yo morí algunos años más tarde.
Clark adoptó a mi hijo.

Fui una mujer increíble.
Ayudé a Lewis y Clark a
explorar el oeste.

¿Qué te gustaría preguntarme?

1804

1780

Nació
en
1788

Murió
en
1812

1805

1880

glosario

exploradores (ex-plo-ra-DO-res) personas que descubren lugares

nativa americana (na-TI-va a-me-ri-CA-na) uno de los pueblos que vivía originalmente en América, o un pariente de estas personas

tribu (TRI-bu) un grupo grande de personas emparentadas que viven en la misma zona

índice